BEI GRIN MACHT SICH IHR WISSEN BEZAHLT

Fabian Prilasnig

Die Tragödie von Viktring. Erinnerungskultur in Kärnten

GRIN Verlag

Bibliografische Information der Deutschen Nationalbibliothek:

Die Deutsche Bibliothek verzeichnet diese Publikation in der Deutschen National-
bibliografie; detaillierte bibliografische Daten sind im Internet über http://dnb.d-
nb.de/ abrufbar.

Impressum:

Copyright © 2013 GRIN Verlag GmbH
Druck und Bindung: Books on Demand GmbH, Norderstedt Germany
ISBN: 978-3-656-59996-8

Dieses Buch bei GRIN:

http://www.grin.com/de/e-book/269014/die-tragoedie-von-viktring-erinnerungskul-
tur-in-kaernten

GRIN - Your knowledge has value

Der GRIN Verlag publiziert seit 1998 wissenschaftliche Arbeiten von Studenten, Hochschullehrern und anderen Akademikern als eBook und gedrucktes Buch. Die Verlagswebsite www.grin.com ist die ideale Plattform zur Veröffentlichung von Hausarbeiten, Abschlussarbeiten, wissenschaftlichen Aufsätzen, Dissertationen und Fachbüchern.

Besuchen Sie uns im Internet:

http://www.grin.com/

http://www.facebook.com/grincom

http://www.twitter.com/grin_com

Die Tragödie von Viktring

Viktring – damit wird von vielen ein altes, ehrwürdiges Zisterzienserstift am Ortsrand von Klagenfurt in Verbindung gebracht. Jedoch bedeutet dieser Ort für viele in Slowenien traumatische Erinnerungen an die Nachkriegszeit und tiefe Wunden, welche im kommunistischen Jugoslawien nie aufgearbeitet werden konnten. Die nach Kärnten fliehenden Slowenen wurden am Viktringer Feld interniert und nach ein paar Tagen von den Briten an die Partisanen ausgeliefert, die sie auf langen Todesmärschen liquidierten.

In Mai 1945 wurden zwischen der Kapitulation Hitler-Deutschlands und dem Abzug der Jugoslawischen Armee aus Südkärnten fast drei Wochen lang zwischen Rache und Revolutionsjustiz innerjugoslawische Rechnungen beglichen. Der Historiker *Florian Thomas Rulitz* konnte in seiner vierjährigen Forschungsarbeit zahlreiche Tötungsstätten, Gruppengräber und Massengräber auf österreichischem Staatsgebiet ausfindig machen. Seine Arbeit handelt von den verschiedenen militärischen Flüchtlingsverbänden und Zivilisten, die sich im Mai 1945 auf der Flucht vor den Kommunisten nach Österreich befanden. Im Detail werden die nach dem Kapitulationstermin (8. Mai 1945) geführten Durchzugskampfhandlungen untersucht. Hier werden die bisherigen Darstellungen der Partisanen, die die Kämpfe als „Endkesselschlachten" bei „Ferlach–Hollenburg–Viktring" und „Dravograd–Poljana–Bleiburg" bezeichnet hatten, mit neuen Quellen konfrontiert. Es werden auch die Durchzugskampfhandlungen in Kärnten, die unterschiedlichen Wege über die Karawanken, die Lager der kroatischen und slowenischen Flüchtlinge im österreichischen Kärnten, die britische Repatriierung und die Morde an den Flüchtlingen behandelt. Ein Exkurs widmet sich den Verschleppungen der im österreichischen Kärnten lebenden kroatischen und slowenischen antikommunistischen Emigranten und den Morden an ihnen durch den Jugoslawischen Geheimdienst (OZNA/UDBA) sowie dem Terror gegen Akteure der Grab- und Erinnerungspflege der antikommunistischen Kroaten und Slowenen in Österreich. Die Zeitzeugeninterviews wurden an den Schauplätzen der historischen Ereignisse durchgeführt. Darüber hinaus fanden neben den Zeitzeugeninterviews und der Quellenrecherche ein Gedankenaustausch mit slowenischen und kroatischen Historikern und Spezialisten statt.

Der Autor des erfolgreichen Romans „Gestohlene Kindheit" Ivan Ott beschreibt in diesem literarischen Werk neben seinen eigenen Erlebnissen der Tage nach dem Ende des Zweiten Weltkrieges, unmittelbar auch die Tragödie des kroatischen Volkes bei Bleiburg und des slowenischen Volkes in Viktring sowie die Todesmärsche durch Slowenien. Auf Einladung des Historikers Florian Thomas Rulitz besuchte der Autor 65 Jahre nach den tragischen Ereignissen in Österreich, die Kleinstadt Viktring bei Klagenfurt am Wörthersee, wo im Mai 1945 ein großes Lager für Flüchtlinge aus Slowenien, Kroatien und Serbien eingerichtet worden war. Hier versammelten sich die entwaffneten Einheiten der kroatischen Armee, die Tschetniks des Popen Dujić, einige Soldaten der deutschen Wehrmacht und vor allem die slowenischen Domobranzen (Slowenische Landeswehr). In diesem Lager befand sich neben den entwaffneten Soldaten eine große Anzahl an slowenischen Zivilisten, die Verwandtschaft der slowenischen Soldaten und slowenische Bauern, die vor der Gewalt der Kommunisten und Partisanen-Einheiten flohen. Fast alle slowenischen Soldaten und ein Teil der zivilen Bevölkerung wurden von den Engländern an Titos Partisanen ausgeliefert, die danach die ausgelieferten Gefangenen ohne Verurteilung und Gnade mitsamt Frauen, Kindern und alten Menschen getötet hatten.

- Abbildung: Stiftskirche von Viktring

- Abbildung: Gedenktafel in der Stiftskirche Viktring

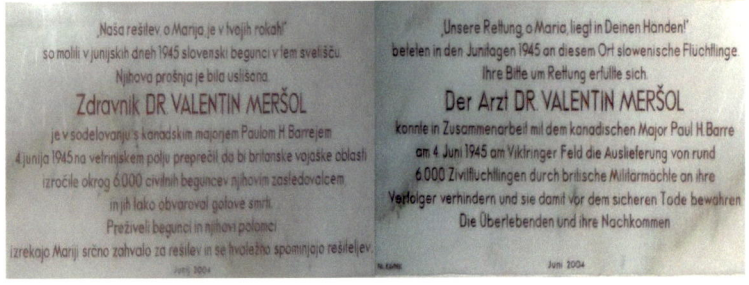

Was allgemein bekannt war und von den Engländern lange geleugnet wurde, war die Auslieferung bis zu diesem Zeitpunkt etwa der Hälfte aller Flüchtlinge aus dem Lager in Viktring - slowenische und kroatische Soldaten mit ihren Familienmitgliedern wie Frauen, Schwestern und Kindern - an die kommunistischen Militärverbände. Die Kommunisten haben all diese Gefangenen im Wald bei Kocevje, im Konzentrationslager Teharje bei Celje oder in der Bergwerksgrube „Barbara" getötet, um sie dann mit Erde zuzuschütten oder mit Betonplatten die Grube zu vermauern. Nun wird versucht, die einseitig geschriebene Geschichte zu revidieren, obwohl die kommunistischen Geschichtsschreiber sich dagegen verwehren.

- Abbildung: Viktringer Feld[1]

Historischer Abriss:

Gegen Ende des Krieges hoffte das slowenische antikommunistische Lager darauf, dass die Alliierten aus Italien auf slowenisches Gebiet vorrücken und somit die Machtübernahme durch die kommunistisch geführten Partisanen verhindern würden. Die Moral und Disziplin der slowenischen Landeswehr blieb bis zuletzt des Krieges relativ gut, obwohl schon während des Jahres 1944 der militärische Zusammenbruch des Deutschen Reiches nur mehr eine Frage der Zeit zu sein schien. Die slowenische Landeswehr ging in der Schlussphase des Krieges in die von konservativen Politikern des Slowenischen Nationalausschusses gegründete *Slowenische Nationalarmee* über, die ein Vorrücken der

---

[1] Die Fotos sind von Herrn Rulitz zur Verfügung gestellt worden.

Partisanen nach Slowenien verhindern sollte. Jedoch zogen sich alle Anfang Mai 1945 kampflos vor der anrückenden Partisanenarmee nach Kärnten zurück. Zwischen dem 8. und dem 13. Mai war die Slowenische Nationalarmee bzw. die slowenische Landeswehr neben Tschetnik-Einheiten aus der Steiermark (*Štajerski četniški odred*) und Innerkrain aus weiten Teilen Sloweniens in Richtung Kärnten gezogen. Die meisten *Domobranci* aus dem Küstengebiet und die übrigen Tschetniks sowie serbischen Regimenter marschierten nach Friaul, wo sie sich den Briten ergaben. Viele Zivilisten begannen schon am 5. Mai Ljubljana zu verlassen, darunter waren auch General Rupnik sowie Bischof Rožman. Etwa 6.000 Zivilisten schlossen sich der slowenischen Landeswehr an und kamen am 12. bzw. 13. Mai in Viktring bei Klagenfurt an (vgl. Griesser-Pečar 2003, S. 485).

Die Partisanen errichteten am 8. Mai auf der Linie Ferlach – Draubrücke eine Barriere, um Ankommende daran zu hindern, dass sie von den Briten in Empfang genommen werden konnten. Am 10. Mai gelang es der Slowenischen Nationalarmee bzw. Landeswehr-Einheiten die Partisanen in Ferlach zu schlagen und am 11. Mai teilte das britische Brigadekommando in Klagenfurt dem Landeswehr-General *Franc Krenner* und Vertretern des Nationalausschusses mit, dass sie die Slowenische Nationalarmee unter ihren Schutz nehmen werde, falls es ihr gelingt, die Drau zu überqueren. Insgesamt erreichten wahrscheinlich ca. 17.000 Slowenen, davon rund 11.000 Landeswehr-Soldaten, Kärnten, wo sie von den britischen Militärs im Auffanglager Viktring untergebracht wurden (vgl. Griesser-Pečar 2003, S. 488f).

Bereits am 14. Mai wurde dem britischen Major *Johnson* eine Danksagung des Nationalausschusses überbracht und am 17. Mai wurde dieser Dank schriftlich dem britischen Kommando in Klagenfurt überreicht. Innerhalb weniger Tage organisierten sich die Flüchtlinge im Lager und es gab Schulunterricht, Gottesdienste, Konzerte, Paraden etc. Das zivile Lager war vom Militärlager getrennt und die slowenischen Soldaten wollten von den Deutschen getrennt werden, was jedoch bei den Briten auf taube Ohren stieß. Außerdem stellten sie sich oftmals die Frage, ob sie am Ende doch noch von den Briten den Tito-Partisanen übergeben werden könnten, woraufhin Vertreter des Nationalausschusses diese Gefahr negierten, da sie seitens des britischen Militärkommandos wiederholt Schutz für alle Flüchtlinge zugesichert bekommen hätten (vgl. Griesser-Pečar 2003, S. 490f).

Der britische Hauptmann *Nigel Nicolson* berichtete in seinen Erinnerungen, die er auf Grundlage seiner Notizen und Situationsberichte über die damaligen Geschehnisse im Lager Viktring wiedergab, dass „die Ustaša-Leute das deutsche Kommando angenommen und viele von ihnen sich durch erschreckende Scheußlichkeiten gegenüber Serben schuldig gemacht [hätten],…, aber die Mehrzahl der slowenischen Soldaten habe die deutsche Führung niemals akzeptiert. Sofern sie infolge des Bürgerkriegs gezwungen gewesen seien, auf der gleichen Seite wie Deutsche oder Italiener – nämlich gegen Titos Partisanen – zu kämpfen, seien sie allenfalls ‚Mitkämpfende' [‚co-belligerents'], niemals ‚Verbündete' gewesen. Sie hätten einen Sieg der Anglo-Amerikaner herbeigesehnt. Viele von ihnen seien einfache Bauern, deren einziges Verbrechen die Angst vor dem Kommunismus gewesen sei" (Griesser-Pečar 2003, S. 492).

Die Geflüchteten waren noch kaum eine Woche in Viktring, als der Befehl der Führung der 6. Britischen Panzerdivision (6. Armoured Division) eintraf, alle jugoslawischen Staatsangehörige so schnell wie möglich Titos Truppen zu übergeben. Zivile Personen wurden vorerst von der befohlenen Repatriierung ausgeschlossen und die britischen Militärs mussten die Menschen im Lager belügen, dass sie in andere britische Lager in Italien verlegt würden, um eine mögliche Revolte zu verhindern. Die Repatriierung der südslawischen Soldaten dauerte vom 18. Mai bis Ende des Monats und es wurde mit den Kroaten aus dem Lager Krumpendorf begonnen, die bis zum 23. Mai zurückgeschickt wurden. Der erste Transport aus Viktring begann am 24. Mai, der über Rosenbach nach Jesenice führte und drei serbische Regimenter transportierte. Die slowenischen Soldaten sowie einige Zivilisten wurden vom 27. bis zum 31. Mai entweder über Rosenbach und Jesenice oder über Bleiburg und Celje nach Jugoslawien zurückgeschickt (vgl. Griesser-Pečar 2003, S. 492ff).

Aufgrund von Schilderungen einzelner, die unterwegs fliehen hatten können, dauerte es nicht lange, dass die Meldungen über das grausame Schicksal der Repatriierten sowohl jene Briten, die bisher nichts über das wahre Ziel dieser Transporte erfahren hatten, als auch die Menschen im Lager Viktring erreichten. Jedoch wollte General Krenner den verschiedenen Zeugenaussagen keinen Glauben schenken, da die Informationen, die er von britischer Seite erhalten hatte, unmissverständlich besagten, dass die Transporte nach Italien gingen. Aufgrund wiederholender Schreckensberichte von Geflüchteten fuhr Krenner mit dem Präsidenten des Nationalausschusses am 28. Mai nach Klagenfurt zum britischen Brigade-Kommando, um ihren Verdacht hinsichtlich der Transporte vorzubringen. Als Antwort erhielten sie eine ausdrückliche Versicherung des Adjutanten des Generals *Murray*, dass die Landeswehr-Soldaten nach Italien transportiert würden (vgl. Griesser-Pečar 2003, S. 499).

Erst am 30. Mai wurden die slowenischen Verantwortlichen endlich von vielen weiteren Aussagen Geflüchteter davon überzeugt, dass die Transporte nach Jugoslawien, und nicht nach Italien gingen. Daher versuchten Mitglieder des Nationalausschusses wenigstens den letzten Transport zu verhindern, indem sie die Landeswehr-Soldaten zur Flucht aufforderten. Trotzdem bestiegen am nächsten Tag die Mehrzahl der Soldaten den letzten Zug Richtung Jugoslawien, denn sie hatten beschlossen, den Weg in den sicheren Tod, den schon viele ihrer Kameraden vorher beschritten hatten, der Flucht zu bevorzugen (vgl. Griesser-Pečar 2003, S. 502).

Das Schicksal der slowenischen Kollaborationsverbände ist noch nicht genauer erforscht. Bekannt ist, dass die Briten den Großteil der Angehörigen von slowenischen bewaffneten kollaborierenden Einheiten, die nach Kärnten geflüchtet waren, den Partisanen ausgeliefert haben (etwa 10.500 Slowenen). Die Angehörigen von diesen Kollaborationseinheiten wurden nach dem Ende des Krieges weder als Kriegsgefangene behandelt, noch vor ein Gericht gestellt, um die Schuld von jeden einzelnen zu ermitteln, sondern nach nur einem kurzen Verhör durch Offiziere der jugoslawischen Geheimpolizei (OZNA) erschossen (vgl. Ferenc 1994, S. 346f).

Jedenfalls muss festgehalten werden, dass die zivile und militärische Führung der slowenischen Flüchtlinge in Kärnten vollkommen versagten, denn hätten sie den Briten nicht blind vertraut und selbst Erkundigungen hinsichtlich der Transporte veranlasst, wäre die Zahl der Opfer auf slowenischer Seite bei weitem geringer ausgefallen. Viele Soldaten wären aus dem Lager geflüchtet oder hätten sich geschlossen dem Abtransport verweigert. Hinsichtlich der Repatriierung ist noch hinzuzufügen, dass die Amerikaner das britische Vorgehen schon von Anfang an ablehnten und schließlich am 8. August 1945 einen formellen Protest bei Feldmarschall *Alexander* als dem *Supreme Allied Commander* für das Mittelmeer einlegten (vgl. Griesser-Pečar 2003, S. 506).

Rezension des Buches „Geraubte Kindheit" von Ivan Ott:

Die Tragödie von Bleiburg und Viktring, die kommunistischen Säuberungen im Mai 1945, auch die Massaker von Bleiburg genannt, wurden mehr als 65 Jahre auch im deutschsprachigen Raum, insbesondere im Nachbarland Österreich, totgeschwiegen oder ausgeklammert. Bis zum Zerfall Jugoslawiens war es fast unmöglich, über die Verbrechen der Partisanen an Slowenen, Kroaten oder Österreichern sowie an den Volksdeutschen zu sprechen, daran zu erinnern, darüber zu schreiben oder zu forschen.

Der Zeitzeuge Ivan Ott schickt den Leser auf einen dunklen Abschnitt nach dem Zweiten Weltkrieg. Er beschreibt die bis dato in Österreich und Slowenien verborgenen Verbrechen der jugoslawischen Partisanen im Mai 1945 gegen die Menschlichkeit, insbesondere gegen jugoslawische Flüchtlinge. Der Autor erzählt seine spannende aber auch sehr traurige Kindheitsgeschichte über den Bürgerkrieg (1941-1945) in seiner kroatischen und slowenischen Heimat. Er schildert die Massenflucht nach Österreich (im Mai 1945), die Massenmorde und die Folter- bzw. Konzentrationslager sowie die Umerziehungslager im totalitären Tito-Regime. Im Mai 1945 musste Ivan drei Wochen im provisorischen britischen Auffanglager am Viktringer Feld in Klagenfurt im Freien verbringen. Wenn er von dieser Zeit in Viktring schreibt, berichtet er vom Gefühl der Resignation und Verzweiflung, das die Menschen damals angesichts einer ungewissen Zukunft quälte. Halt und Hoffnung gab die gelebte katholische Religiosität der Slowenen im Lager. Nach der Auslieferung der

Flüchtlinge durch die Briten vom österreichischen Bleiburg (Pliberk) aus nach Titojugoslawien verbrachte der kleine Ivan einige Tage in der slowenischen Steiermark im KZ-Lager Teharje/Tüchern. Nachdem seine Eltern von Partisanen der Jugoslawischen Armee ermordet worden waren, kam er in das berüchtigte kommunistische Kinderumerziehungslager Petricek am Fuße der Steiner Alpen. Dort wurde eine durch Gewalt gekennzeichnete Umerziehung auch mit den Kindern von so genannten „feindlichen Kräften" (in Slowenien waren dies die Kinder der Angehörigen der Domobranci, also in deutscher Sprache der konservativ-katholisch orientierten slowenischen Heimwehr oder auch Landeswehr genannt) vollzogen, wobei eine sehr brutale Umerzieherin, die sogenannte „Schwarze Witwe", der „Teufel in Person", regierte.

Den Opfern wie hier Ivan Ott geht es nicht um Geschichtswirkung, oder Geschichtsschreibung sondern um die historische Wahrheitsfindung. Diese Tragödie der Antikommunisten im Mai 1945 wurde nicht nur im ehemaligen Jugoslawien verschwiegen, sondern es liegt die historische Auseinandersetzung mit der Thematik auch im freien Westen und im Nachbarland Österreich im Verborgenen. Die verschwiegenen Massaker von Bleiburg und die slowenische Tragödie von Viktring werden bis dato von einigen Wissenschaftlern aus Österreich und Deutschland geschickt ausgeklammert oder relativiert bzw. verschwiegen.

Ivan Ott beschreibt die gesichteten Toten beim Durchmarsch durch das österreichische Rosental und im Flüchtlingslager am Viktringer Feld bei Klagenfurt, in den Wäldern um Viktring und bei der Rückfahrt über das Bleiburger Feld. Ivan Otts Zeitzeugenniederschrift gibt auch wieder, dass in Österreich nicht nur am Bleiburger Feld die Überreste von Flüchtlingen, sondern auch auf Friedhöfen und Militärfriedhöfen im gesamten Südkärnten begraben liegen. Die Toten um das Viktringer Feld wurden am Friedhof in Viktring-Stein, Köttmannsdorf und Gurnitz begraben.

Die kommunistischen Verbrechen wurden im Alpen-Adria Raum und in Europa nur bedingt wahrgenommen und dazu kam, dass darüber entweder absichtlich aus ideologischen Gründen, oder auch aus Angst geschwiegen wurde. So ist dieser Teil der Alpen-Adria Zeitgeschichte bis heute nur unzureichend im öffentlichen Bewusstsein in Österreich, Slowenien, Kroatien oder anderswo in Europa bekannt.

Wer trotzdem versuchte, als Zeitzeuge diese Ereignisse im Mai 1945 nicht als Niederschlagung der sogenannten feindlichen Faschisten, welche in so genannte Kesselschlachten niedergeschlagen wurden, sondern als Tragödie und Verbrechen zur Niederschrift zu bringen, wurde im Ausland und sogar im Westen bis zum Zerfall Jugoslawiens terrorisiert und auch von jugoslawischen Geheimdienst ermordet. Morde des Jugoslawischen Geheimdienstes fanden nicht nur in Jugoslawien, sondern auch im Ausland statt. Etliche Slowenen und Kroaten, aber auch Österreicher hatten deshalb Angst über diese Ereignisse im Mai 1945 zu schreiben, erst jetzt, nach dem Zusammenbruch Jugoslawiens, wird versucht, unter dem Blickwinkel der Verbrechen der Partisanen diese Ereignisse aufzuarbeiten. Eine neue Generation von Historikern, die keinen ideologischen Bezug zu den verbrecherischen Regimen des 20. Jahrhundert mehr hat, kann diese Tragödie wertefrei beurteilen. Ein weiteres Problem in Österreich besteht darin, dass nicht nur die österreichischen Widerstandkämpfer gegen den deutschen Nationalsozialismus als solche betrachtet werden, sondern auch die jugoslawischen Partisanen, das heißt also die jugoslawische Besatzungsarmee im Mai 1945, als Widerstandskämpfer gegen den Nationalsozialismus bzw. als Befreier Österreichs hochgelobt werden.

Dieses Buch, die persönlich erlebte Geschichte des Zeitzeugen Ivan Ott, soll nicht nur einem Fachpublikum zugänglich gemacht werden, sondern auch einem jüngeren Publikum der gesamten Öffentlichkeit als Mahnung dienen. Als Historiker kann ich nur dafür plädieren, diese kostbare Zeitzeugendokumentation möglichst vielen Menschen zugänglich zu machen, um diese Massenverbrechen zu begreifen und daraus zu lernen, es nie mehr soweit kommen zu lassen. Das Ziel ist es, auch bei Schülern auf breites Interesse zu stoßen und es zusätzlich als einen Beitrag zur Aufarbeitung der Geschichte auch im Geschichtsunterricht zu nutzen. Angesichts der derzeitigen Probleme mit der Euro- und Schuldenkrise und der aufkommenden Unzufriedenheit in Europa findet auch der Extremismus wieder zusätzlichen Nährboden. Es ist daher umso wichtiger, unsere Jugend darüber aufzuklären, dass Europa ein wichtiges Friedensprojekt darstellt und alles dafür getan werden muss, um Strömungen zu verhindern, die dazu führen könnten, dass sich der Schrecken jener Zeit wiederholen kann.

Am besten kann die Zeit nur ein Zeitzeuge darstellen, der sie selbst erlebt hat. Deshalb ist sein Buch ein weiteres kostbares Stück zur Wahrheitsfindung in der Aufarbeitung der Geschichte von totalitären Regimen in Europa. Otts Zeitzeugenniederschrift ist aber auch als ein enorm wichtiger Beitrag zur Quellensicherung anzusehen. In einer Zeit, in der es in naher Zukunft kaum bzw. letzten Endes keine Zeitzeugen mehr geben wird, die aus eigenen Erfahrungen über die Schrecken des Zweiten Weltkrieg und die Nachkriegszeit authentisch erzählen werden können, stellt die Niederschrift Otts einen wichtigen Baustein der Geschichte des Alpen-Adria Raums dar. Das Buch ist ein spannendes historisches literarisches Werk, das gleichzeitig eine historische Zeitzeugenniederschrift gegen das Vergessen wiedergibt. Ivan Ott ist es wirklich gelungen, seine schrecklich erlebten Kindheitstraumata zu Papier zu bringen.[2]

---

[2] Die Rezension wurde von Herrn Rulitz verfasst.

Literatur:

- Ferenc, Tone (1994): Die Kollaboration in Slowenien. Grundlagen, soziale Träger, Konzepte und Wirkungen. In: Röhr (ed.) (1994), Okkupation und Kollaboration (1938-1945). Beiträge zu Konzepten und Praxis der Kollaboration in der deutschen Okkupationspolitik. Berlin, Heidelberg: Hüthig (=Europa unterm Hackenkreuz, Ergänzungsband 1), 337-348.
- Griesser-Pečar, Tamara (2003): Das zerrissene Volk. Slowenien 1941-1946. Okkupation, Kollaboration, Bürgerkrieg, Revolution. Wien u.a.: Böhlau.
- Ott, Ivan (2012): Geraubte Kindheit. Bad Schussenried: Hess.
- Rulitz, Florian T. (2012): Die Tragödie von Bleiburg und Viktring. Partisanengewalt in Kärnten am Beispiel der antikommunistischen Flüchtlinge im Mai 1945 (2. Aufl.). Klagenfurt u.a.: Hermagoras/Mohorjeva.